■ *Collection mille-pattes*

1 / Pliages : contes et fables en Origami
2 / Les empreintes du corps : technique de la bande plâtrée
3 / Nouvelles bougies
4 / Ornements de fêtes
5 / Déguisements pour les petits
6 / Petits loups, petits masques
7 / Les impressions du soleil sur soie et sur coton
8 / Châteaux de sable : plage et bac à sable
9 / Les goûters du mercredi
10 / Peindre avec des fils de laine
11 / Fleurs séchées, de la cueillette au bouquet
12 / Panoplie pour les ours : costumes et accessoires
13 / Chapeaux de fête
14 / Maquillages d'enfants
15 / Petits modèles en pâte à sel
16 / Animaux en papier : pliages, découpages
17 / Théâtre en papier d'hier et d'aujourd'hui
18 / Animaux au crochet
19 / Bateaux en bouteilles
20 / Petits cadeaux à ma façon
21 / Pliages 2 : histoires à raconter
22 / Décors de fête pour votre table
23 / Costumes du temps jadis de la Révolution à la Belle Époque
24 / Masques et parures en papier crépon
25 / Des fêtes tricolores
26 / Œufs décorés : tradition et création
27 / Les poupées-mannequins s'équipent
28 / Perles, perles, perles
29 / Bébêtes-mousse
30 / Jeux de société : règles et construction
31 / Poupées câlin, poupées colère
32 / Cartes de vœux en soie
33 / Croque-circus : une fête à croquer
34 / Costumes fantastiques
35 / Maxi-pliages pour jouer et décorer
36 / Jeux de plein air autour des planètes
37 / Boîtes-mystères en papier et carton
38 / Cadeaux et bricoles avec des éléments naturels
39 / Badges branchés en tissu peint et brodé
40 / Coiffures et maquillages pour soirées pas ordinaires
41 / Costumes nature : mousse, feuilles, coquillages
42 / Pâtes à modeler multicolores
43 / Bolides tout-terrain avec trois fois rien
44 / Petits ouvrages en patchwork
45 / Théâtre d'ombres : silhouettes, éclairage, scénarios
46 / Pliages 3 : Alice au pays d'Origami
47 / Modelages : figurines de terre et de pâtes à modeler
48 / Têtes surprises
49 / Coiffes qui décoiffent
50 / Coquillages et galets peints
51 / Œufs en fête
52 / Petites bêtes en papier
53 / Bijoux fantaisie en perles rocaille et autres matériaux
54 / Personnages naïfs en pâte à sel
55 / Sport et nature en pâte à sel
56 / Animaux et acrobates en pâte à sel
57 / Bricolages de carton
58 / Masques d'animaux en carton souple
59 / Déguisements surprises

MILLE-PATTES "CLUB"
1 / Activités faciles
2 / Activités fête

collection mille-pattes

MODELAGES

FIGURINES DE TERRE ET DE PÂTES À MODELER

Textes, illustrations et modelages : Catherine Baillaud
Photos : Luc Bérujeau

FLEURUS
IDÉES

Editions Fleurus, 11, rue Duguay-Trouin, 75006 Paris

DONNER FORME

Voici des figurines et voici des matières à modeler. Modeler pour jouer avec la plasticité d'une matière, pour donner forme et faire quelque chose de ses doigts.

Des pâtes qui se laissent faire

Voici des pâtes.
Des pâtes faites de matières premières : la terre, la cire, le sel, la farine, le bois réduit en poudre, le papier ramolli. Des « pâtes à modeler » toutes prêtes, que l'on achète, plus complexes, constituées de macromolécules, faites pour ne jamais sécher, ou pour durcir à l'air, ou encore au four. Tous ces matériaux ont leurs limites, leurs particularités, et leurs performances sont liées à la qualité de leur texture. Il faut les essayer, les expérimenter pour les connaître et les comprendre. Sous la surveillance d'un adulte et quelquefois avec son aide, des enfants de trois ans peuvent déjà y toucher.

Voici des figurines.
Des petits objets comme ceux que l'art populaire a toujours et partout suscités à partir de matériaux simples. Fabriqués par jeu, offerts pour jouer, ils sont faits pour être manipulés même si certains sont fragiles. Sans prétention, ils peuvent cependant donner envie de devenir créateur avec des procédés tout simples et des matières qui se laissent faire.

S'exercer au volume sans y penser

Fabriquer des petits jouets, c'est s'exercer au volume sans y penser. Toutes ces matières donnent à l'imagination un moyen d'expression, un support tangible aux possibilités multiples ou limitées. Ces matières expressives savent guider la main.

La main est l'outil premier. Tout autre instrument est utile, commode, jamais indispensable. Il faut exercer la main, l'entraîner, développer ses perceptions, en un mot toucher. Le tact donne l'information, c'est le relais fécond par lequel de l'informe naît la forme. La main sert de moule ; au contact de la matière, elle s'adapte et répond mieux à l'imagination.

Il ne suffit pas de parler de ces techniques pour se convaincre de leur simplicité ; il faut les aborder et les exercer pour comprendre que la pratique est formatrice, pas simplement d'objets, mais de soi aussi.

LES MATÉRIAUX

Voici maintenant huit matériaux à exploiter, puisse le touche-à-tout réalisateur y trouver son bonheur !

La pâte à modeler

Elle est indéfiniment réutilisable, toujours prête à l'emploi, parfaite pour le jeu, les modelages éphémères et leur animation. Elle est disponible dans un très grand choix de couleurs.

Les pâtes qui durcissent à l'air

Ces pâtes donnent des résultats très variables selon les marques. Elles deviennent dures et solides en séchant. Elles existent dans de nombreux coloris et peuvent être peintes et vernies.

Les pâtes qui durcissent au four

Leur aspect de plastique et leur solidité sont remarquables après cuisson au four. La palette des couleurs est très riche. Ces pâtes feront la joie des plus grands.

La pâte à sel

Faite de farine et d'eau, c'est la moins chère et la plus tendre des pâtes. Bien adaptée aux tout-petits, elle peut être colorée, séchée, cuite au four, peinte ou vernie.

La pâte de bois

C'est une pâte fibreuse pouvant, après séchage, être sculptée, taillée, poncée, colorée, cirée... Elle offre les qualités et la solidité du bois. L'utilisation d'armatures est conseillée. Plusieurs jours sont nécessaires pour les différentes opérations.

La cire

Elle permet de faire des figurines, des bougies, des moules à cire perdue. Translucide, de couleurs variées, elle fond à la chaleur.

La terre glaise

Matière lisse ou granuleuse aux couleurs naturelles, elle offre des possibilités multiples. Elle peut être séchée ou cuite (four de potier) et devenir ainsi très solide. Les modelages crus sont plus fragiles (c'est le cas des figurines présentées ici).

Le papier encollé

Coupé en feuilles, en bandes ou réduit en miettes, le papier imbibé de colle est très léger et solide une fois sec. Il peut être modelé et moulé. Plusieurs jours sont nécessaires pour les différentes opérations.

LA PÂTE À MODELER

Conditionnement. Présentée sous cellophane, elle est vendue en différentes quantités et disponible dans de nombreuses couleurs dans tous les magasins.

Caractéristiques. La pâte à modeler ne sèche pas à l'air. Elle est plus ou moins grasse, plus ou moins souple selon les marques et elle ramollit à la chaleur. L'hiver, il est conseillé de placer la pâte à modeler dans un récipient sur le radiateur (certaines pâtes à modeler ne demandent plus cette préparation). Les variétés nouvelles ne tachent pas, ne collent pas.

Avantages. Elle est réutilisable à l'infini, idéale pour les œuvres éphémères et le jeu, les exercices préparatoires à d'autres modelages aux résultats durables. Elle est toujours prête à l'emploi, présente une grande adhérence et une stabilité qui permet des constructions verticales et aériennes.

1

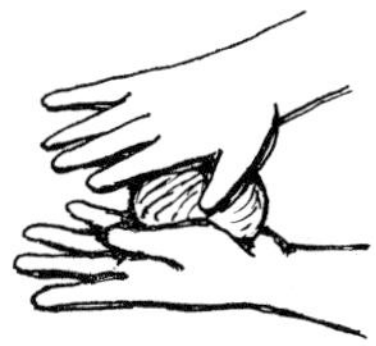

Précautions. Ses couleurs vives et fraîches deviennent vite ternes et sales si on ne les utilise pas avec soin et avec des mains très propres sur un support qui le soit aussi. Les mélanges sont irrémédiables. Exposées à la chaleur et au soleil toutes les pâtes à modeler fondent et laissent des taches grasses. Les réalisations doivent être conservées à l'abri de la poussière et de la chaleur.

2

Installation et outils

Utiliser une toile cirée ou un support lisse que l'on réserve à cet usage.
Tout objet pouvant tracer des marques ou les effacer : bâtonnets pointus, couteau pour couper ou utilisé comme spatule, ciseaux pour cranter, etc.

Le meilleur outil est bien sûr la main :

3

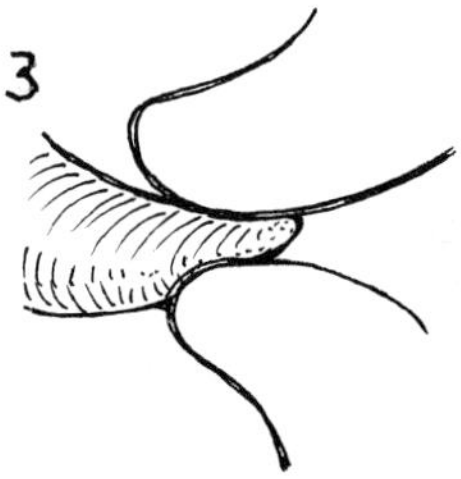

1. La main sert à aplatir, mais aussi à former des boules que l'on roule dans le creux des mains.
2. Les doigts servent à rouler des filets, des rouleaux de pâte pour les allonger.
3. Le pouce et l'index pincent, étirent, aplatissent, affinent pointes, pétales légers, tissus...

Les pâtes à modeler très ductiles et légères sont certainement les mieux adaptées pour préparer au modelage de la terre et des pâtes du commerce. La pâte à modeler exerce utilement à souder des éléments, à faire disparaître ces soudures, à adoucir des reliefs et à régulariser des surfaces en retouchant la matière. Par sa stabilité, elle est très indiquée pour les jeux de couleurs, incrustations, mosaïques, d'autant que les pâtes colorées ne se salissent pas entre elles. (Évidemment la réutilisation de ces pâtes ne pourra plus se faire qu'en les mélangeant.)

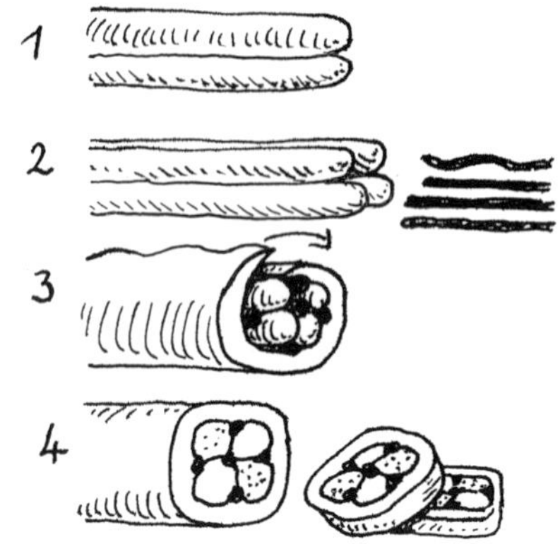

Pâte mosaïquée

1. Étaler la pâte en rouleaux ou en plaques.
2. Associer les couleurs en fonction du motif recherché, sans laisser de vide.
3. Entourer de pâte et presser régulièrement sur le pourtour pour resserrer les éléments à l'intérieur.
4. Couper en tranches : le même motif coloré se répète.

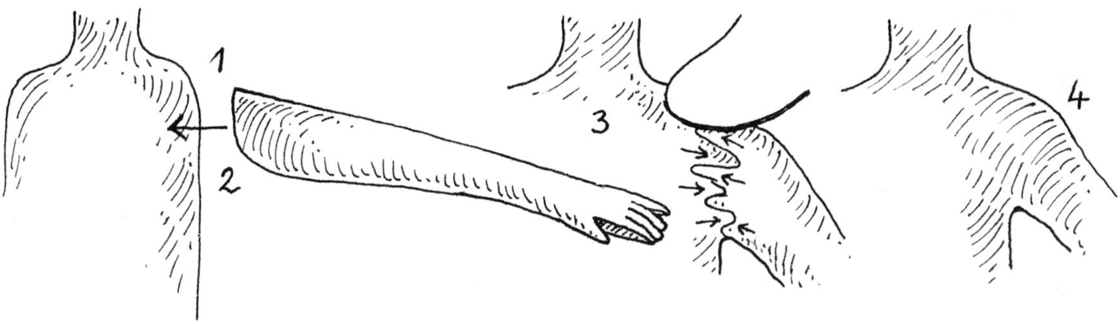

Soudures

Les soudures sont très faciles avec ce genre de pâte très ductile.

1. Préparer les volumes.
2. Les associer par pression.
3. Faire disparaître le raccord en tirant sur la pâte de part d'autre, sans déformer les volumes et en veillant à ce que la soudure soit efficace.
4. Adoucir les retouches avec l'extrémité du doigt.

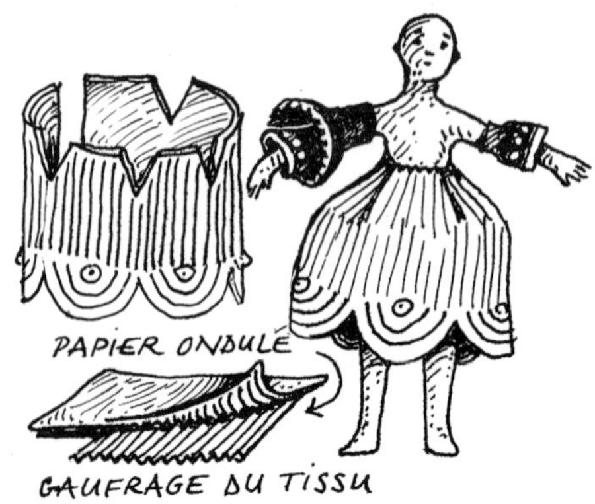

Armatures

A partir de 12-15 cm, il faut soutenir toute construction en pâte à modeler. Les armatures en bois ou en fil de métal peuvent être extérieures ou intégrées dans la pâte. Plus l'objet sera grand et lourd, plus il sera délicat à manipuler…

LES PÂTES QUI DURCISSENT À L'AIR

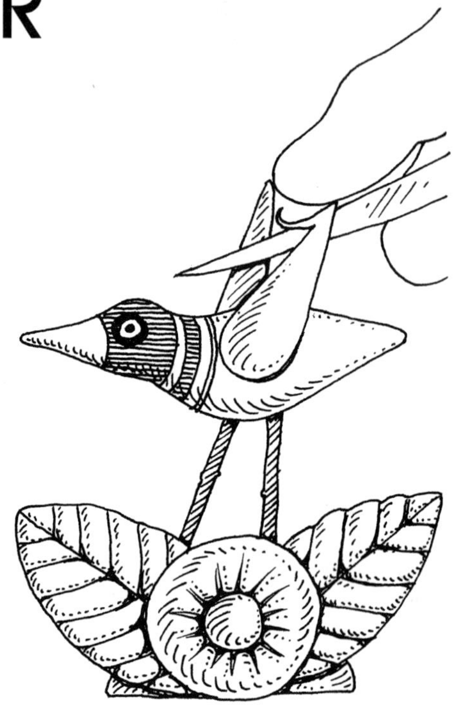

Conditionnement. Elles se présentent en pains de couleur blanche ou brique, en seaux ou en petits pots pour les couleurs vives. Il faut les conserver dans un emballage hermétiquement fermé. Elles sont en vente dans les magasins spécialisés.

Caractéristiques. Elles sèchent à l'air et deviennent dures et solides. Il faut compter à peu près 24 heures de séchage par centimètre d'épaisseur. Leur durée de conservation est illimitée mais elles ne peuvent pas être lavées. Les soudures sont fragiles et il faut en tenir compte lors de la réalisation, surtout si l'objet doit être manipulé : les deux parties que l'on veut associer doivent être bien humectées. Il est possible de poursuivre un modelage déjà sec en humidifiant sa surface et en ajoutant de la pâte. Les fissures peuvent être rebouchées.

PÂTES À MALAXER

Certaines pâtes doivent être pétries pour assouplir la matière et en chasser l'air. Elles demandent aux doigts une certaine énergie car la pâte doit être bien pressée pour ne pas se fendre au séchage. On peut leur associer des éléments comme des baguettes ou du fil de cuivre pour créer des articulations et même simplifier la construction en utilisant des armatures.

En raison de leurs fibres, ces pâtes se comportent bien quand elles sont roulées, pincées, étirées avec les doigts et estampées à l'aide de petits outils ou tampons. Les couleurs peintes peuvent se graver facilement au couteau.

Table de travail. Une feuille de papier ou de carton convient bien à cette pâte qui nécessite une surface de travail pas trop lisse et plutôt poreuse. La pâte laisse des traces blanches sur les mains et sur la table (lavage facile à l'eau chaude et au savon).

Avantages. Cette pâte, une fois modelée et durcie, peut être sculptée. Solide mais tendre elle est facile à tailler et à poncer. Son adhérence est parfaite sur tout support à condition de le mouiller (plastique, carton, bois, liège...).

Précautions. Ces pâtes peuvent être ingrates à modeler. Elles laissent des particules sur les doigts. Les soudures par juxtaposition sont fragiles. Après séchage, les travaux d'aspect irrégulier demandent à être retouchés.

Oiseaux (3 cm)

Ils sont faits de pâte étirée (queue et bec). Les ailes sont rajoutées en humectant les parties en contact. Les pattes en bois ou en fil de cuivre sont piquées dans la pâte. Après séchage, tous ces volumes ont été retaillés au couteau pour supprimer les irrégularités et redessiner les formes.

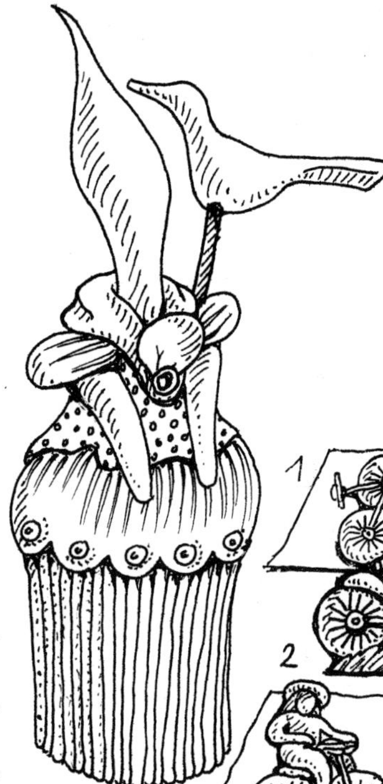

Personnage “ à la houppe ” (12 cm)

Il est bâti sur un bouchon recouvert de pâte. Les éléments sont ajoutés tour à tour. Les empreintes sont faites en pressant la pâte avec une lame de couteau ou un bâton pointu. Collerettes et tissus s’affinent entre le pouce et l’index.

Vélo et cheval à roulettes (12 et 7 cm)

Ces deux figurines sont faites en plusieurs étapes. Tout d’abord le vélo et le cheval sont préparés et laissés à raffermir une heure.

Les roues du cheval sont faites d’une boule aplatie, estampée et percée.

Après séchage, le vélo est muni d’un socle que l’on laisse aussi durcir verticalement, après l’avoir soudé.

On ajoute enfin les personnages, en les soudant bien, et on les laisse sécher à plat. Ils ont parfois été préalablement humectés et lissés pour atténuer les reliefs. Plumes et oiseau tiennent sur le chapeau à l’aide de morceaux de fil de cuivre.

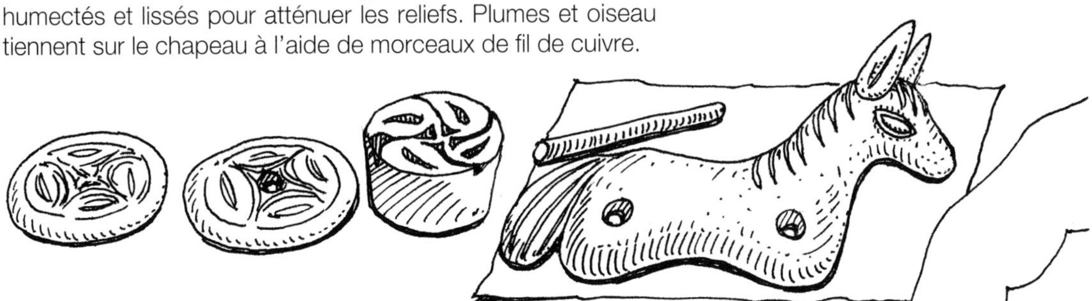

Tête de marionnette (8 cm)

La pâte adhère parfaitement sur tout support mouillé. Ici, l’ouverture du volume, une bouteille de plastique, facilite le travail des doigts qui peuvent étaler régulièrement la pâte en pressant fortement à l'intérieur et à l'extérieur du support. Ajouter ensuite tous les volumes (yeux, nez, joues, menton, sourcils) après avoir humidifié la pâte pour estomper les reliefs.

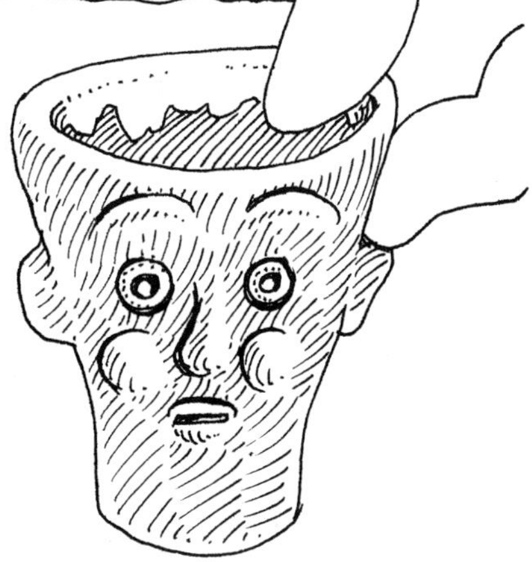

PÂTES DUCTILES

D’autres pâtes sont douces et fines, immédiatement utilisables. Présentées en petits pots, parfois parfumées, elles sont très séduisantes.

Avantages. Leur aspect lisse demeure après séchage. Elles ne laissent pas de particules sur les doigts. Ces pâtes sont plus ductiles et s'utilisent sans malaxage. Les volumes ne se retravaillent pas après séchage.

Précautions. Les soudures par juxtaposition sont fragiles et demandent souvent à être recollées lors des manipulations : on donnera donc la préférence aux soudures bien intégrées, ou aux volumes étirés.

Outils et matériel. Les doigts sont les premiers instruments mais on se sert aussi du couteau pour tasser la matière et ajouter des marques. Les tampons, tout ce qui peut laisser des empreintes, doivent être utilisés en appuyant franchement. Le bois, le carton, le plastique, le verre... sont de bons supports.

Couleur. Souvent moins chères, les pâtes blanches peuvent être décorées et peintes. Ces opérations demandent soin et goût. Encres et aquarelles, pastilles à l'eau qui s'étendent rapidement et régulièrement conviennent mieux à ce travail que la gouache qui demande à être étalée avec régularité. Sur des surfaces aussi absorbantes, on a tendance à la diluer trop : il faut alors deux couches pour obtenir un coloris uniforme. Les erreurs se grattent au couteau (plus facilement sur les pâtes fibreuses).

Vernis. Un vernis à bois couvrant peut enfin protéger les couleurs et prolonger la vie de l'objet.

Poupées (5-6 cm)

Les volumes sont roulés et humectés pour tenir ensemble.

Cavalier à l'arceau fleuri (12 cm)

La texture de cette pâte permet d'étirer progressivement la tête, les pattes et la queue à partir d'une boule de pâte bien formée. Il ne faut pas dépasser 5-6 cm car l'ensemble s'affaisserait. Il est recommandé de se mouiller les doigts dès que des fissures apparaissent en surface. Les oreilles sont rajoutées et la soudure disparaît grâce au lissage de la pâte préalablement mouillée. Le personnage est fait d'éléments superposés bien humectés pour que la soudure se fasse. Aquarelle et encre de Chine sont utilisées après séchage.

Petit personnage couronné (8 cm)

Cette pâte peut être transformée en tissus que l'on peut découper aux ciseaux et plisser à volonté. La pâte est progressivement aplatie entre le pouce et l'index pour être affinée au maximum. La soudure se fait en humidifiant la pâte. On procède de la même façon pour les cheveux qui sont striés au couteau.

Animal aux pattes de bois (8 cm)

L'utilisation de matériaux rigides comme le bois économise la pâte et augmente ses possibilités.

LES PÂTES QUI DURCISSENT AU FOUR

Conditionnement. Elles se présentent en petits pains de couleurs très variées ou en pains plus importants, opaques, ou semblables à de la porcelaine. Elles sont en vente dans les magasins spécialisés.

Caractéristiques. C'est une pâte particulièrement dure, à préparer avant le modelage : il faut prendre un petit morceau de pâte, le malaxer jusqu'à ce qu'il soit malléable en l'allongeant puis en le remettant alternativement en boule. Une fois malaxée, la pâte reste souple. Préparer la quantité nécessaire en utilisant toujours de petites quantités de pâte pour ne pas fatiguer les doigts.

La cuisson au four se fait à 130° (thermostat 4) durant 20 à 30 mn sur une feuille d'aluminium. La dureté de l'objet n'est définitive qu'après un refroidissement complet.
Ces pâtes se prêtent bien au modelage à partir de boules dont on étire les détails, ou encore à la juxtaposition de nombreuses petites pièces modelées qui créent des reliefs intéressants. Le modelage restant souple tant que la cuisson n'est pas faite, toutes les retouches sont possibles.

Avantages. On obtient un effet de plastique sur des réalisations durables et lavables. Le grand choix de couleurs évite le recours à la peinture. Une fois que l'on a compris comment l'utiliser, cette pâte présente des performances tout à fait particulières en raison de sa résistance, de sa finesse et de son élasticité. Les retouches sont possibles et faciles lorsque la pâte est cuite, avec un couteau ou du papier de verre.

Précautions. Le malaxage exige des doigts énergiques ; la cuisson demande une attention particulière et l'intervention d'un adulte qui veillera à aérer le local et à suivre scrupuleusement les recommandations du fabricant.
Les soudures dues à la cuisson sont fragiles et peuvent demander à être recollées.
Les pâtes colorées se salissent les unes les autres et laissent des particules sur les mains et la table. Un nettoyage à l'alcool s'impose.

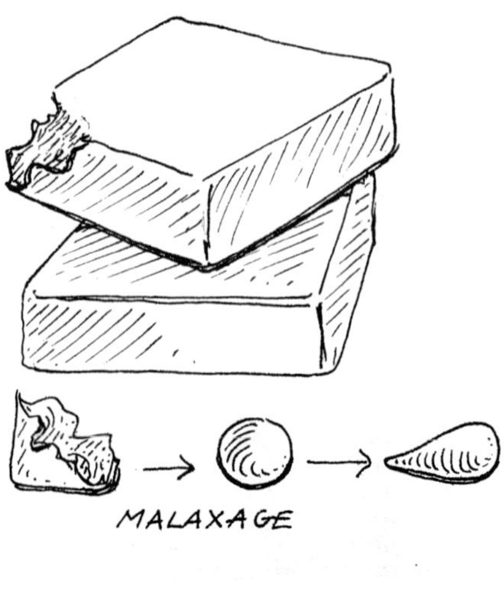

Installation et outils

Carton lisse à cause des couleurs. Couteaux, baguettes, matériel pour faire des empreintes.
Armatures : feuille d'aluminium, bâtons...

Préparation

Malaxer la pâte nécessaire. La rouler, l'allonger jusqu'à ce qu'elle s'assouplisse.

Petits sujets à partir d'une boule (2 à 5 cm)

Il est bon de s'exercer à modeler de petits sujets à partir d'une boule de pâte dont on « extrait » les détails sans créer de rupture dans la matière. Étirer progressivement et régulièrement la pâte pour former une tête, pincer et tirer ailleurs pour former une patte, une autre, etc. Faire cuire en couchant la figurine pour ne pas déformer les membres.

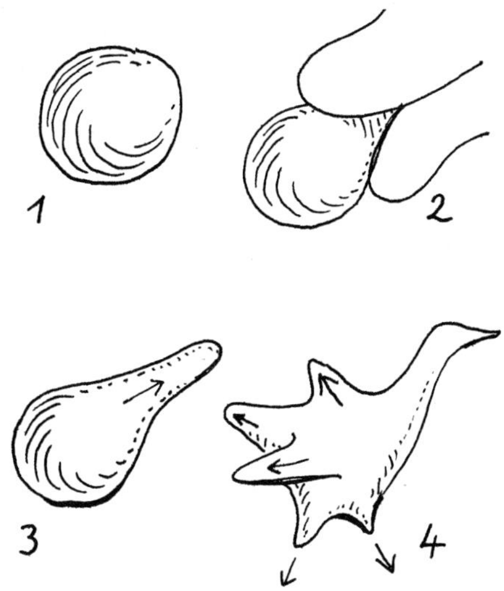

Soudures. Associer les volumes par une pression légère ; ils se souderont lors de la cuisson. À 130°, la pâte cuit sans se déformer et prend l'aspect du plastique après refroidissement.

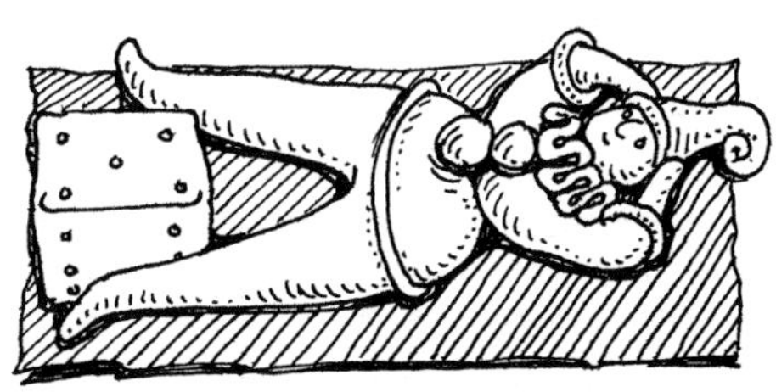

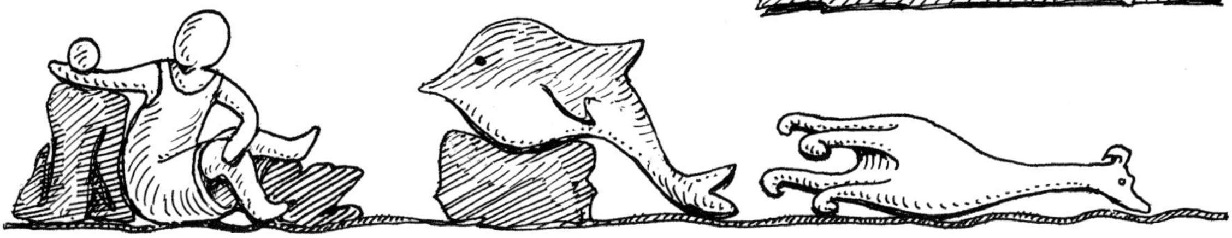

Le zèbre (13 cm)

Une armature est ici nécessaire. Elle est modelée en papier d'aluminium et recouverte de pâte.
Préparer des rouleaux de pâte jaune et noire. Les associer par quatre et les aplatir entre le pouce et l'index pour former un ruban rayé. Habiller le corps de l'animal. Recommencer l'opération jusqu'à ce qu'il soit entièrement recouvert.

Pattes. Préparer quatre rouleaux de pâte (2 jaunes, 2 noirs), les associer et les rouler pour obtenir un rouleau plus épais. Donner quelques torsions pour faire tourner les couleurs.

Crinière. Couper en petits morceaux un filet de pâte noire. Par simple pression, associer les crins et fixer la crinière puis les oreilles et les yeux. Ajouter la queue. Déposer le tout sur une plaque couverte d'aluminium.

Végétation

Préparer des bouquets de feuilles à fixer une fois cuits sur une branche sèche. Les fleurs sont préparées à partir de pastilles de pâte aplaties, associées autour du cœur, et piquées sur un morceau de bois.

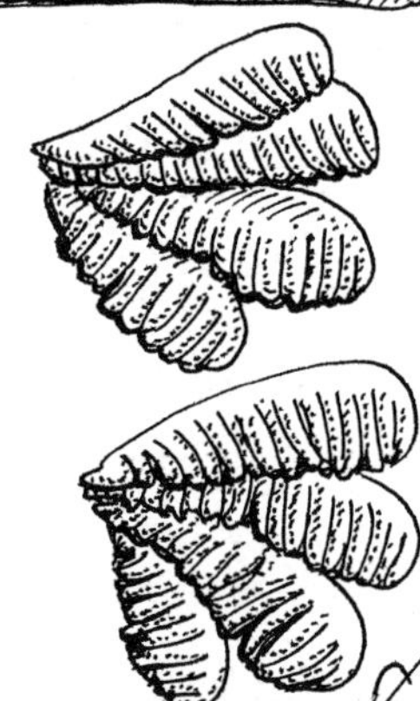

Cuisson. 1/2 h, thermostat 4 (130°), en aérant la pièce. Soutenir avec de l'aluminium chiffonné les figurines risquant de s'affaisser.

Finitions. Laisser refroidir. Coller les feuilles sur la branche. L'arbre est piqué dans un socle en pâte de bois ou en pâte durcissant à l'air. Ajouter les fleurs. Coller les pattes du zèbre après les avoir mesurées et recoupées au besoin.

LA PÂTE À SEL

De toutes les pâtes à modeler, la pâte à sel est la plus poétique. Elle se fabrique chez soi avec du sel et de la farine.

Caractéristiques. Elle peut sécher à l'air mais gagne à être cuite au four à température plus ou moins élevée selon la taille des objets et leur nombre. Souple, douce, elle est presque comestible. Sa technique simple est à la portée de tous.

Recette. 1 verre de sel fin – 2 verres de farine – de l'eau. Mouiller le sel pour le dissoudre un peu. Ajouter la farine et suffisamment d'eau pour former une boule de pâte bien ferme qui ne doit pas s'affaisser. Envelopper celle-ci dans du plastique pour qu'elle ne se dessèche pas.

Avantages. Son prix de revient est modique et sa réalisation facile. Elle n'est pas toxique.

Précautions. La pâte à sel craint l'humidité. Elle ne permet pas de constructions verticales et a besoin d'une armature dès que les réalisations dépassent quelques centimètres. Trop molle, elle s'affaisse ; elle est plus adaptée au bas-relief qu'à la ronde-bosse.

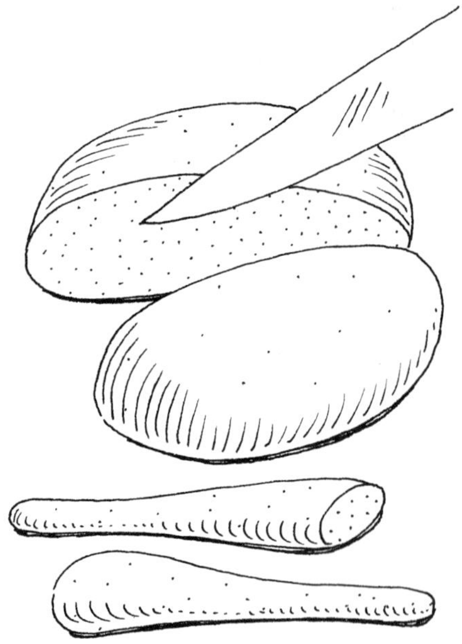

Installation et outils. Une toile cirée, du plastique pour protéger, de l'aluminium pour cuire. Des couteaux, des bâtonnets...

Cuisson. Elle se fait dans un four de cuisinière. Elle sera moins délicate si :
- les objets sont nombreux ;
- la pâte n'est pas trop molle (mais ne pas la laisser sécher avant d'enfourner) ;
- les objets sont petits.

Si ces conditions sont réunies, cuire à four chaud (thermostat 7-8) ; sinon opter pour une température plus basse (4-5) et une cuisson plus longue. Le temps de cuisson dépend de ce que l'on cuit (entre 30 mn et 1 h 30 selon le thermostat et la taille des objets). La pâte est cuite lorsqu'elle est absolument dure partout. Il faut la surveiller constamment.

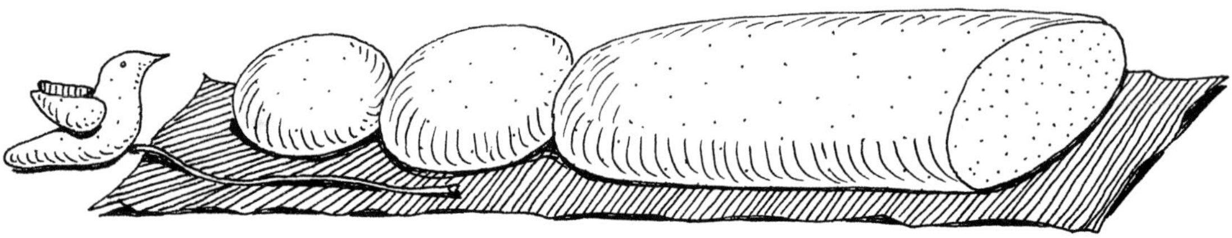

Couleur. Utiliser des aquarelles ou des pastilles à l'eau, de la gouache blanche, de l'encre de Chine (plumes, pinceaux de bonne qualité, n°s 14 à 20), des crayons de couleur.

La pointe du pinceau permet de faire les détails et les décors fins ; son épaisseur fait office de réservoir et couvre des surfaces importantes sans faire de retouches.

La pâte étant très absorbante, il convient de bien diluer les couleurs et de les étendre rapidement. On laisse sécher avant d'ajouter les détails au pinceau, à la plume ou au crayon.

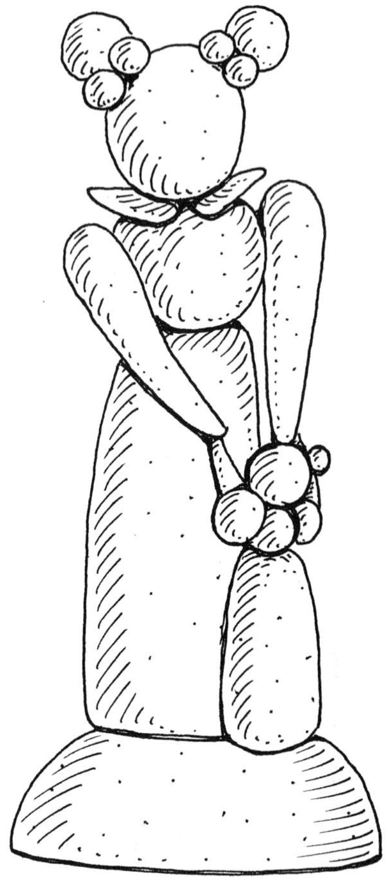

Personnages (13 cm)

Les soudures se faisant à la cuisson, on évite d'aplatir les volumes en les déposant sur la feuille d'aluminium. Si la pâte n'est pas trop molle, les volumes ne s'affaissent pas et les personnages peuvent être peints recto-verso.

Cependant, comme des fissures se produisent immanquablement au dos des modelages, il faut les reboucher au sortir du four avec de la pâte qui séchera rapidement. L'objet refroidi peut être peint.

Petits santons (3 à 5 cm)

Ils sont faits en série pour remplir une tôle et sont cuits à bonne température (thermostat 6 à 8) selon le remplissage du four. Ils ne doivent pas sécher avant d'être enfournés ; on les fait donc attendre sous un film de plastique.

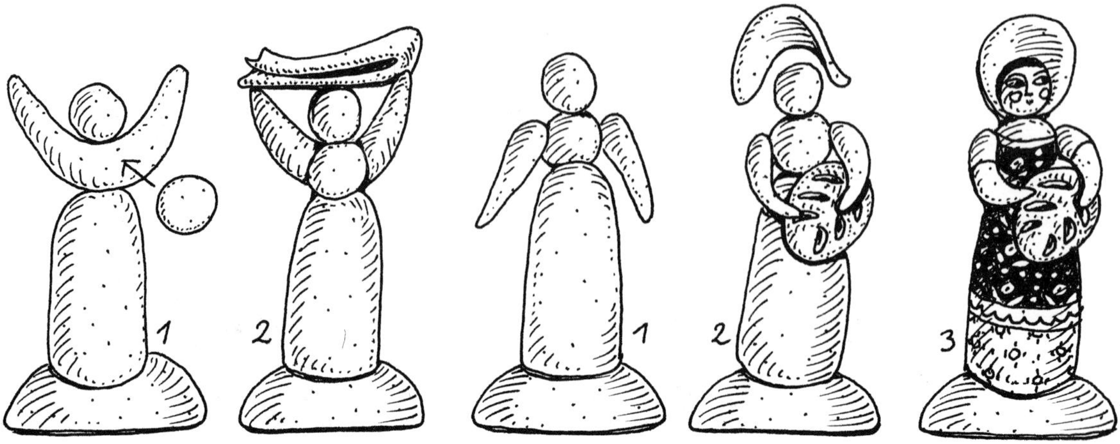

CALE
POUR SOUTENIR
LA PÂTE
PENDANT
LA CUISSON

Vêtements et tissus. Ils sont constitués de pâte aplatie dont les bords sont affinés après leur découpe. Les vêtements et les tissus sont très amples pour pouvoir être froncés et plissés. Les volants de la danseuse sont de longues bandes fixées sur la jupe avec la pointe du couteau en commençant par la base. Laisser les volants se chevaucher sans les toucher pour ne pas les abîmer.

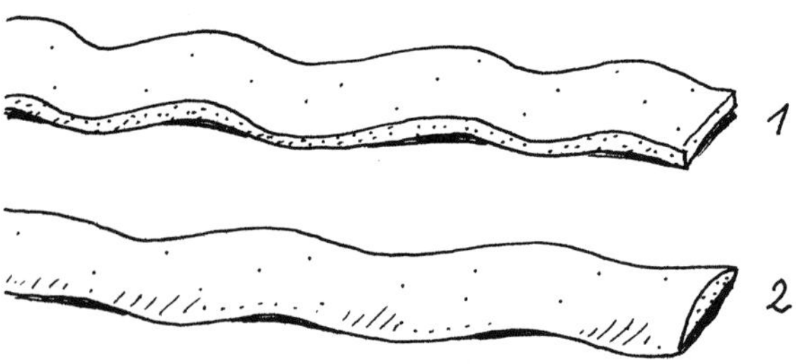

Couleurs et finitions. Les couleurs pastel sont faites d'aquarelle additionnée d'un peu de gouache blanche. Les détails sont ajoutés au pinceau ou à la plume. On dessine les visages à la plume.

Retaillés si nécessaire, les socles sont colorés au pinceau. Une fois secs, ils peuvent être rehaussés de crayon de couleur.

Les personnages se conservent à l'abri de l'humidité. (Ne pas les laisser debout dans une maison non chauffée.)

LA PÂTE DE BOIS

Conditionnement. La pâte de bois s'achète en poudre et se prépare en ajoutant de l'eau. On la trouve en paquets de 1 kg, prête à l'emploi. Il faut la conserver dans l'emballage hermétiquement fermé. Elle est en vente dans les magasins spécialisés. Elle peut être utilisée de façon très économique grâce à des supports et à des armatures.

Caractéristiques. Elle sèche à l'air (1 cm / 24 h). Au séchage les surfaces deviennent irrégulières mais il est possible de rajouter de la pâte sur les surfaces sèches. En durcissant elle devient très légère et très solide. Elle tient sur tous les supports et demande à être bien pressée pour ne pas se fissurer en séchant.

Avantages. Toutes les retouches sont possibles. Une fois modelée, elle peut être sculptée. Son aspect est celui du bois ; elle peut être taillée, cirée, vernie. Elle est très solide et peut être manipulée (jouets, etc.).

Précautions. Une rétraction importante intervient au séchage. La pâte colle aux doigts mais se lave facilement à l'eau et au savon. Se mouiller les doigts si la pâte se dessèche. Les objets se réalisent en plusieurs étapes.

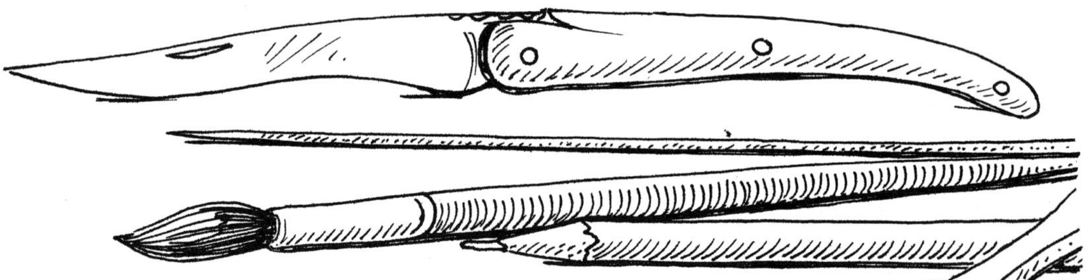

Installation et outils

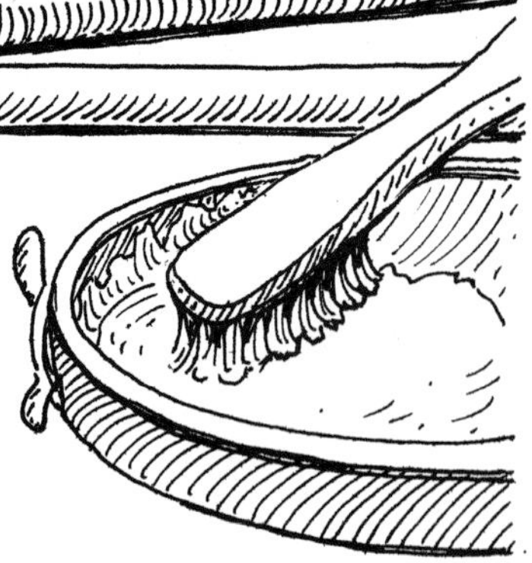

Une toile cirée.
Des supports variés pour limiter l'utilisation de pâte : bouteilles, récipients de toutes sortes, carton, bois, feuille d'aluminium, liège...
Un couteau, des bâtonnets pointus.
Pour la finition : prévoir un couteau avec une lame bien aiguisée pour retailler les surfaces, du papier de verre pour poncer, des encres, gouaches, crayons de couleur, cirages, cires ou vernis.

Personnage sur socle de bois

La pâte de bois est mise à sécher sur du bois mort. La pâte est collante mais il faut la presser pour qu'elle adhère bien. Avec la lame du couteau ajouter de la pâte en appuyant fortement. Une lame mouillée facilite le travail et adoucit les surfaces. Au séchage la surface est bosselée. Les fissures sont à reboucher.

Personnage assis

Son armature de bois est recouverte de pâte de bois. Après séchage, la pâte est retaillée au couteau puis peinte à la gouache blanche et à l'aquarelle. Du cirage incolore est passé à la brosse à dents et lustré au chiffon de laine.

Girafe

Les pattes sont en bois mort ; l'armature interne est faite d'un bouchon et d'un bâton. La surface du corps est estampée avec un bâtonnet. Le cou et la tête ont été rectifiés au couteau après séchage, le cou a été poncé au papier de verre et peint à la gouache.

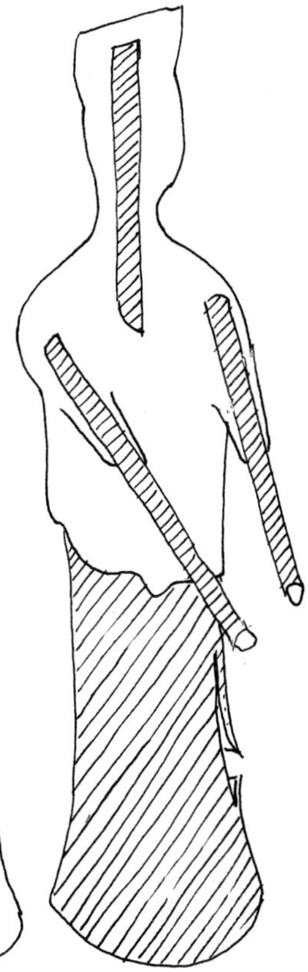

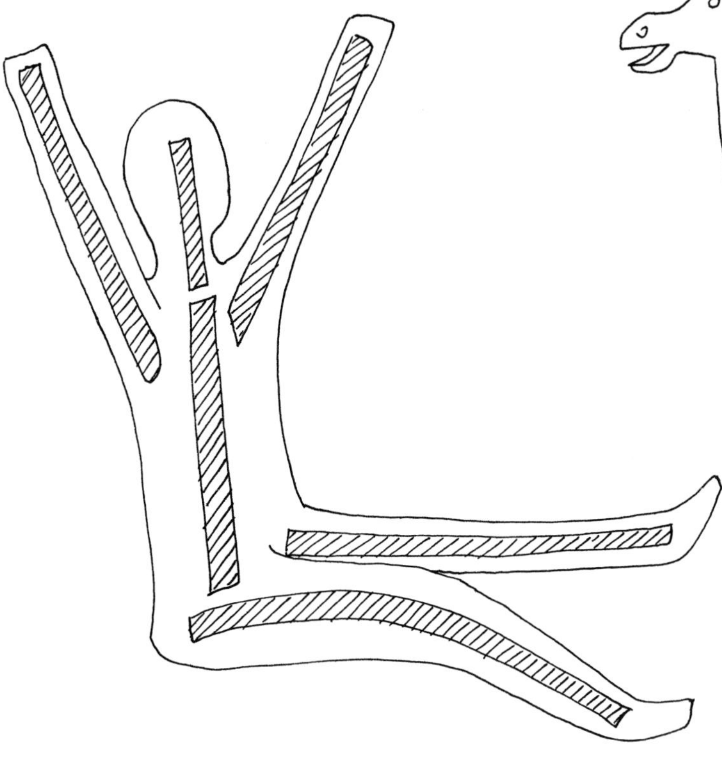

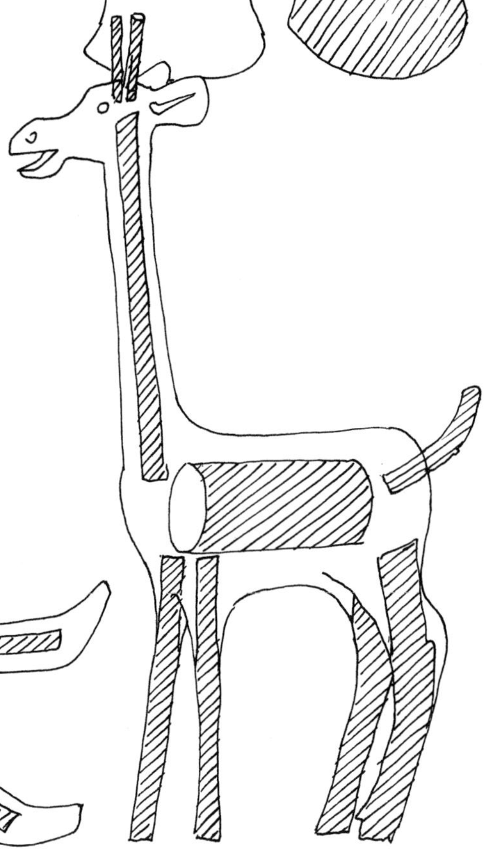

Personnage chapeauté

De vieilles branches sont réunies par de la pâte de bois. Après un premier séchage, on procède au modelage des détails et du chapeau, on bouche les fissures en pressant la pâte avec la lame du couteau. Après un second séchage et de nouvelles retouches au couteau, passer du brou de noix, étaler du cirage incolore, et lustrer à l'aide d'un chiffon de laine.

Tête sur armature d'aluminium

Le volume de la tête est formé avec de l'aluminium froissé sur un tube de carton. Voilà un support stable pour la pâte de bois qui peut être disposée en une couche peu épaisse et donc moins susceptible de se déformer.

1. Couvrir le volume de pâte.
2. Ajouter les reliefs (joues, nez, yeux, bouche...) que l'on soude en en estompant les pourtours.
3. Dessiner au couteau les yeux, la base du nez, la bouche...
4. Après séchage, retailler l'ensemble au couteau et polir ; utiliser enfin l'aquarelle, les crayons de couleur et du cirage brun.

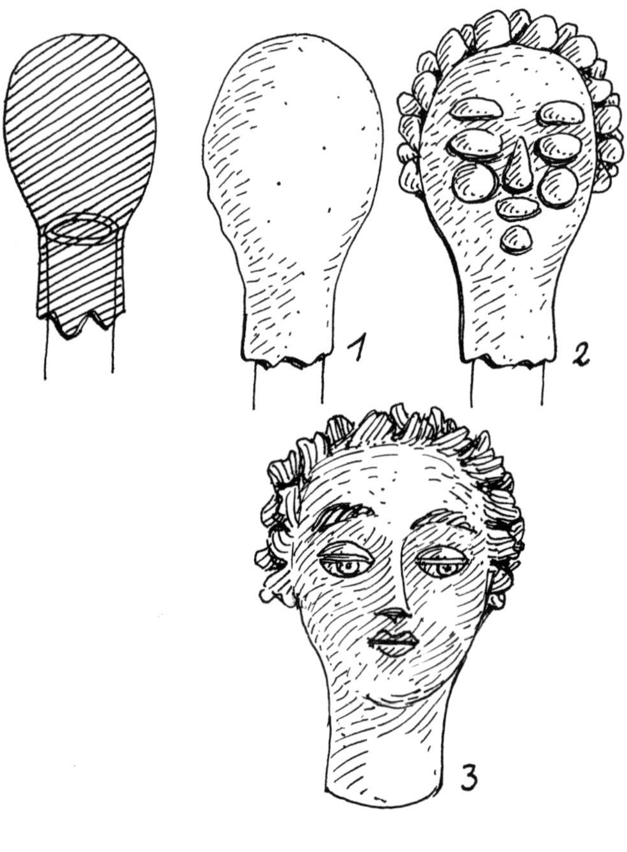

LA CIRE

Conditionnement. Elle existe en plaques de couleurs variées, destinées à faire des bougies. En plaquettes de 25 g, on trouve de la cire d'abeille à modeler, aux nombreux coloris. On peut se procurer de la cire dans les magasins spécialisés ou chez l'apiculteur, à l'état brut.

Caractéristiques. C'est une matière fusible et translucide. Elle peut passer de l'état liquide (chauffée) à l'état solide (refroidie). Une fois durcie, elle est d'une grande tenue et permet des réalisations aériennes. On l'utilise pour les moules à cire perdue.

Avantages. Elle reste flexible. Les couleurs ne se salissent pas entre elles. Les filigranes de cire sont très résistants. Les modelages peuvent être d'une grande finesse. Elle peut s'utiliser ramollie, au couteau ou à la spatule. Modelée, elle peut être coulée en bronze, plomb... (cire perdue).

Précautions. Elle craint la chaleur qui la fait fondre. Ses réalisations sont fragiles. La pâte doit être assouplie avant son utilisation (radiateur ou bain-marie).

Installation et outils

Prévoir du carton pour protéger la table, un couteau, des armatures de bois pour les statuettes montées à l'aide de cire ramollie, des mèches pour bougies et du plâtre pour mouler (cires perdues).

Personnage à partir de petites plaques

Réchauffer la cire jusqu'à ce qu'elle s'assouplisse ; cela peut se faire dans les mains. Tordre progressivement la plaque jusqu'à ce qu'elle se referme sur elle-même. Il devient alors possible de souder les bords et de resserrer le cylindre pour former le crâne et le cou. L'amorce des bras peut être étirée, ainsi que le nez. Bras et jambes peuvent être faits d'un morceau de cire allongé et roulé, puis étiré progressivement entre le pouce et l'index. Souder les membres et faire disparaître les raccords. Habiller de pétales de cire et de filets juxtaposés.

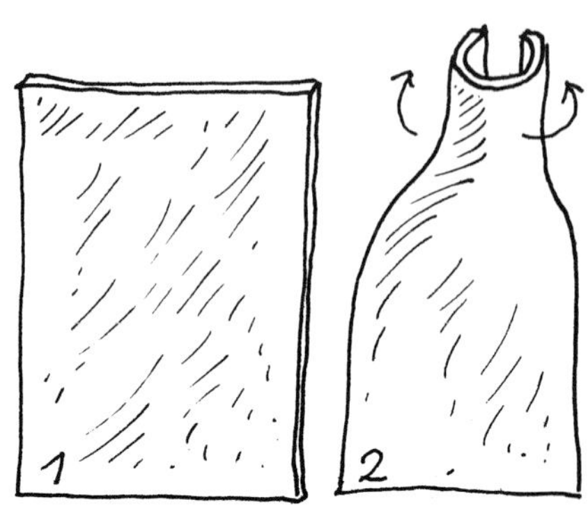

Filets. Rouler la cire et l'allonger progressivement. Très résistants, ces filets peuvent être ensuite tressés et torsadés à volonté.

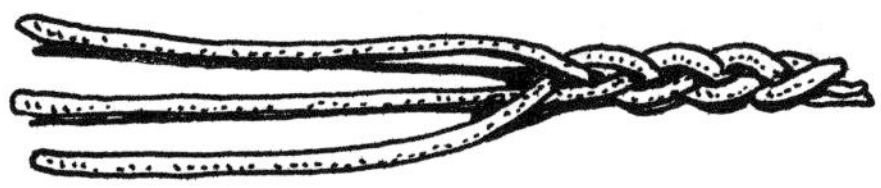

Pétales. Ils s'affinent entre le pouce et l'index. Transparents et légers, ils se fixent par simple pression. Commencer par le bas pour habiller le personnage.

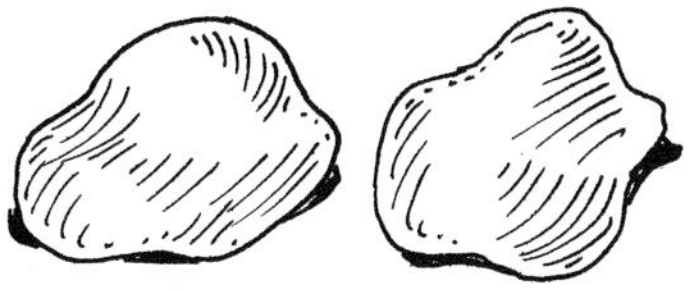

Yeux. Chauffer la pointe du couteau (sur le radiateur, sur une ampoule...) et enfoncer celle-ci dans la cire du visage. Former l'œil et ajouter une petite boule de couleur.

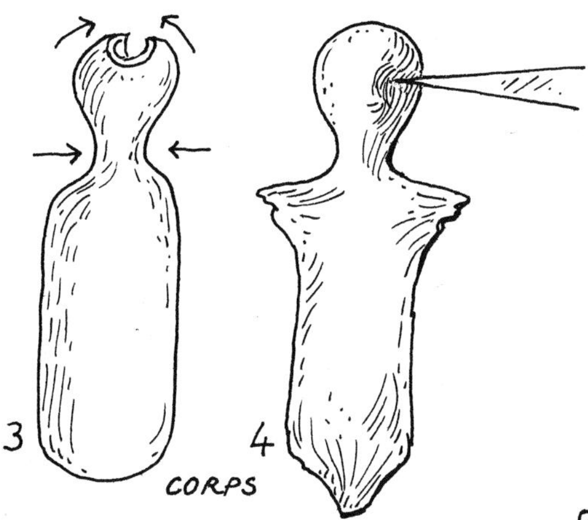

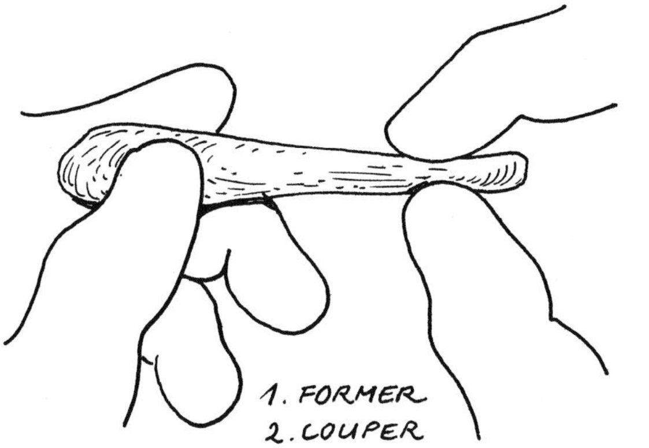

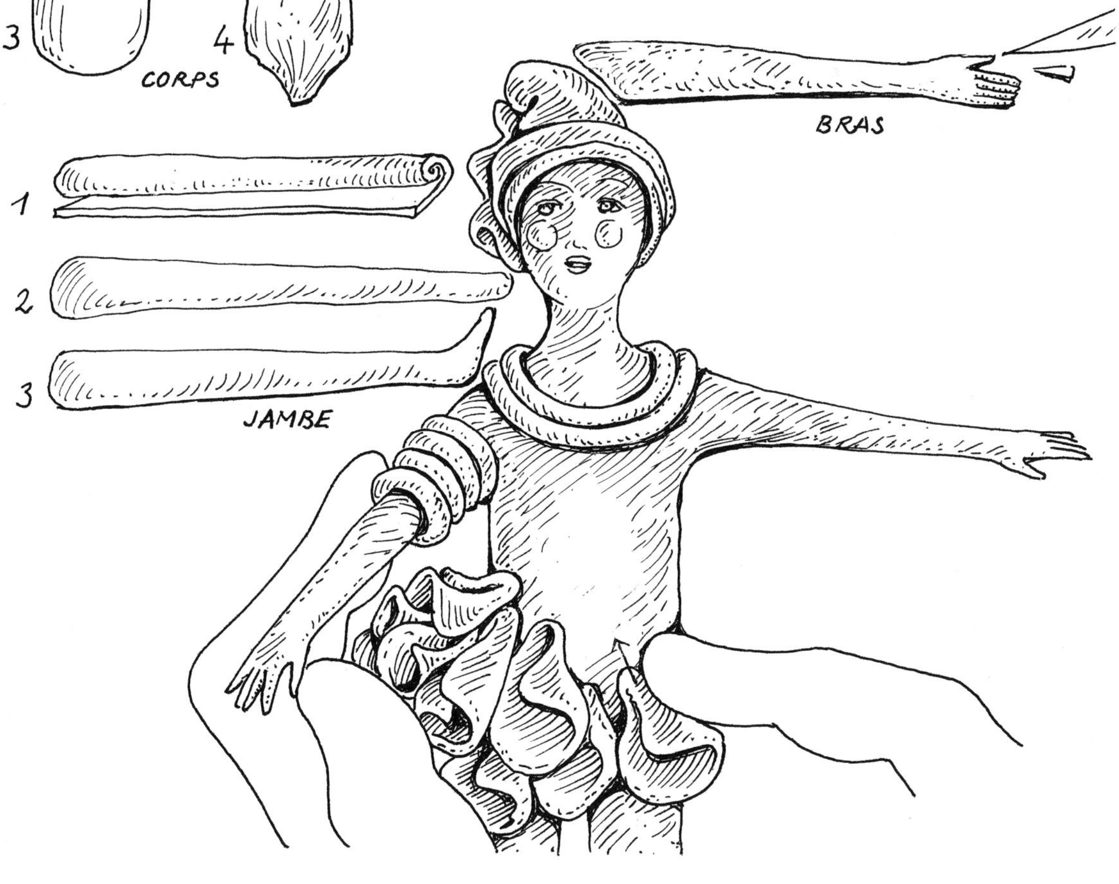

LA CIRE CHAUFFÉE

Préalablement ramollie, la cire retrouve vite sa fermeté mais laisse le temps d'élaborer les formes recherchées sans l'effort du malaxage. On peut la travailler, molle, au couteau, et procéder en ajoutant des épaisseurs jusqu'à parvenir au résultat souhaité.

LA CIRE PERDUE

La cire s'utilise pour réaliser ce que l'on appelle des cires perdues. L'ébauche est en cire, le résultat final en métal.

1. Le modelage est réalisé en cire.
2. On lui ajoute une tige de coulée.
3. Le moule de plâtre est réalisé.
4. La cire est fondue (les petits moules peuvent être mis dans une casserole d'eau et chauffés : la cire s'échappe par la tige de coulée). Le moule est parfaitement séché.
5. Le métal (du plomb par exemple) est fondu, puis versé dans le moule.
6. Le moule est ensuite cassé et la figurine de métal dégagée.

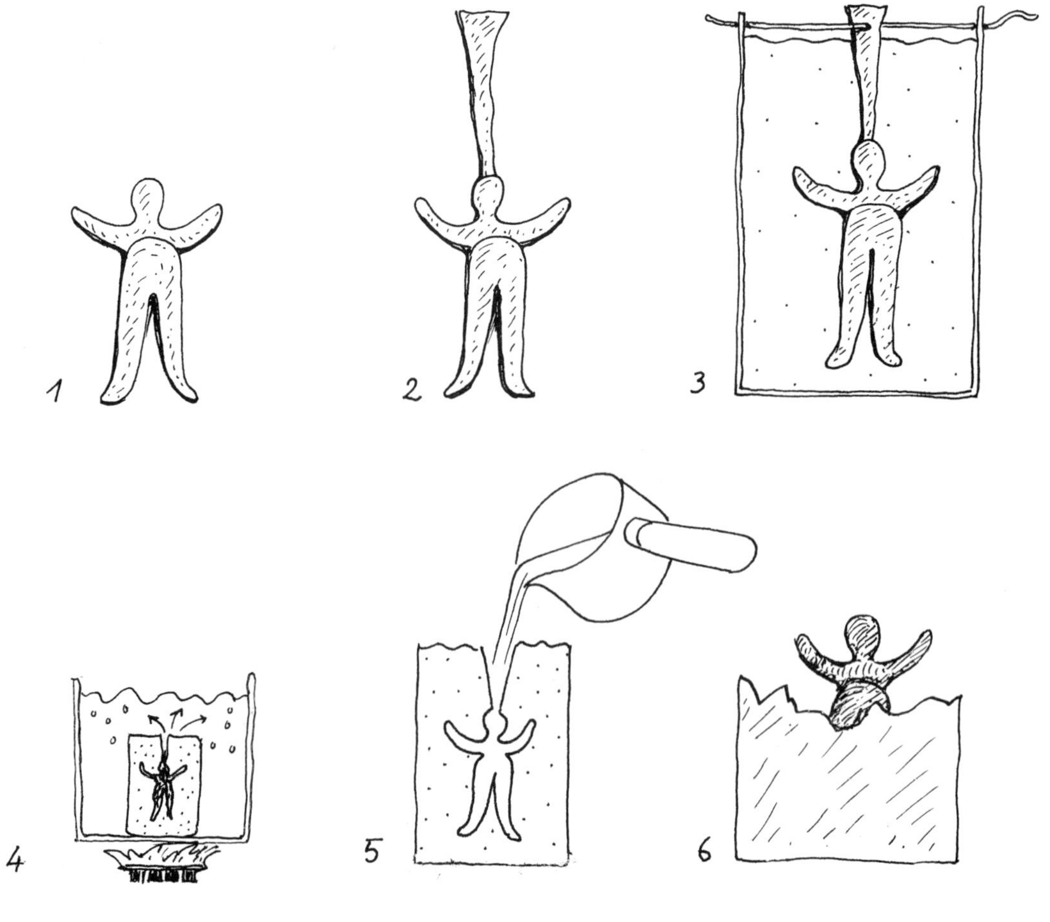

LA TERRE

Conditionnement. On la trouve en pain de 10 kg, lisse ou chamottée. Elle est blanche, noire, ocre ou rouge. En vente dans les magasins spécialisés, elle peut être aussi ramassée dans les terrains argileux.

Caractéristiques. Elle doit être préparée. Sa plasticité et ses possibilités sont infinies et permettent de petites et grandes réalisations. Une légère rétraction intervient au séchage qui demande à ne pas être trop rapide.

La terre lisse. Fine et douce, elle permet des résultats très réguliers, au poli parfait. Elle est très plastique. Une fois sèche, elle peut être retaillée, polie, poncée.

La terre chamottée. Moins grasse, plus rugueuse, plus nerveuse, elle permet d'autres constructions.
Selon sa couleur et sa provenance, la terre peut avoir une plasticité et une consistance différentes.

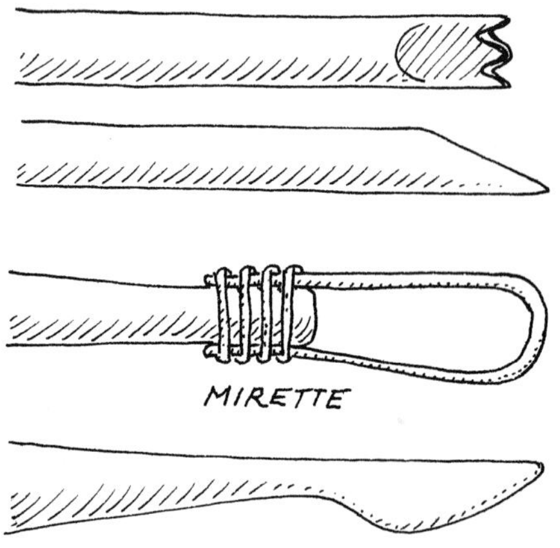

Avantages. Les objets réalisés et bien séchés peuvent être émaillés et cuits au four de potier. Les objets laissés crus sont fragiles mais en revanche ils apportent à la gouache qui les décore un velouté incomparable. Ainsi étaient faits, à l'origine, les santons de Provence.

Précautions. Les modelages en terre crue, comme ceux présentés ici, peuvent se conserver longtemps mais sont extrêmement fragiles.
Attention aux couleurs rouge et noire de la terre, très séduisantes mais moins discrètes à l'usage que la terre blanche (ne serait-ce que sur l'évier lors du lavage des mains).

Installation et outils

La surface de travail doit être poreuse et légèrement absorbante : plaque de carton, bois. Un fil de cuivre sert à couper la terre. Prévoir des spatules, des mirettes et un couteau, des chiffons propres, des sacs de plastique, du plâtre à modeler pour faire des moules. Des perles, des coquillages, de la ficelle, du tissu, du fil de cuivre... peuvent être associés à la terre qui restera crue.
Des couleurs : gouaches.

Préparation

1. Couper la terre à l'aide du fil de cuivre.
2. Taper fortement la terre pour en éliminer l'air en la séparant en deux boules que l'on tape l'une sur l'autre.
3. Malaxer la terre. Pour être façonnée, la terre doit être plastique mais ne pas adhérer. En revanche si elle craquelle, c'est qu'elle ne contient plus assez d'humidité : il faut alors la

laisser sécher, puis la briser, la mettre dans un récipient et lui donner de l'eau tant qu'elle en absorbe. Ensuite, laisser évaporer l'eau et attendre que la terre redevienne malléable.

Consistance de la terre

Au cours du modelage, la terre change de consistance et d'aspect.

Souple. Elle permet le moulage, le modelage, les soudures invisibles, les étirements. Procéder les mains mouillées pour ne pas chauffer la terre.

Consistance du cuir. Lorsque le modelage atteint cette consistance, c'est le moment de graver des décors ; les pièces ajoutées doivent être guillochées (griffées) puis enduites de barbotine et bien pressées. La terre peut être polie avec un galet, une cuillère, ce qui a pour effet de refermer les pores de la surface qui devient alors très brillante.

Sèche. Elle peut être taillée au couteau, poncée, cirée, peinte.

PROCÉDÉS

La barbotine est un mélange d'eau et de terre nécessaire aux soudures.

Le colombin permet de réaliser une paroi régulière :

1. Façonner un colombin et former un anneau.
2. Griffer la surface.
3. Ajouter de la barbotine, puis un autre colombin.
4. Remonter la terre du colombin inférieur sur le nouveau colombin afin d'unifier la paroi.

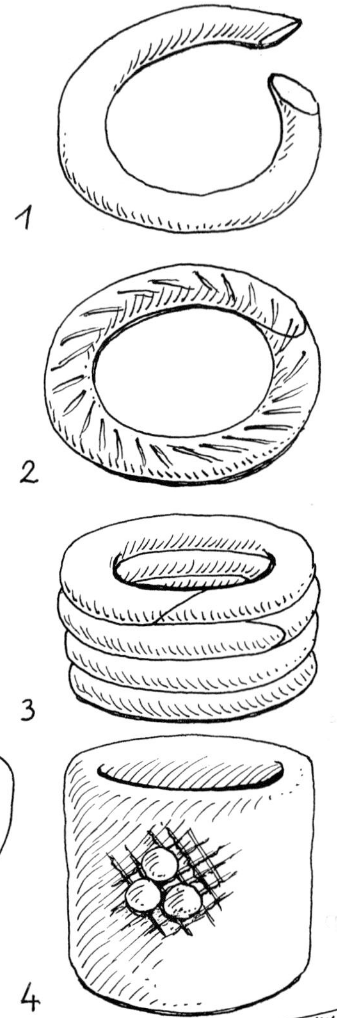

Appliquer des décors. Griffer la surface, ajouter de la barbotine et presser des motifs modelés.

Procéder à partir d'une plaque. Pour étaler la terre de façon régulière, la placer entre deux réglettes.

Robe ajourée. Former un cylindre avec une plaque, en souder les bords, fermer en resserrant à la taille. Quand la terre atteint la consistance du cuir, pratiquer des entailles au couteau et évider doucement. Graver à l'aide d'une pointe, estamper en appliquant sur la terre un tampon, un bâtonnet…

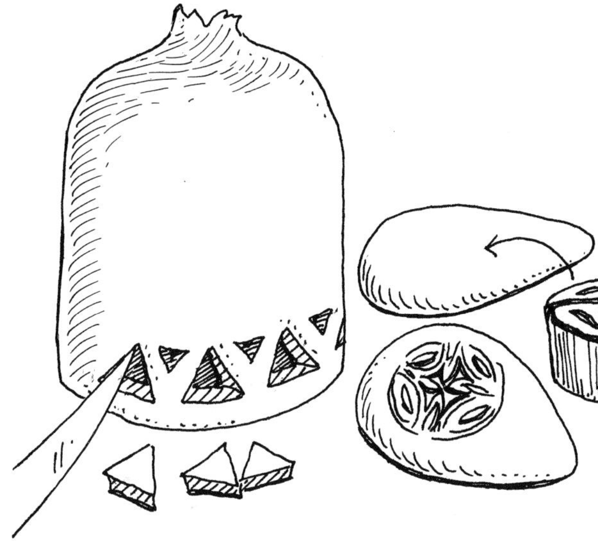

Associer des matériaux. Les cheveux sont faits de ficelle, les yeux de coquillages et de perles, le vêtement est en tissu et en papier.

Les cheveux et les moustaches sont bien fixés dans la terre, et sont effilochés quand la figurine est sèche. Les yeux sont enfoncés et plus ou moins recouverts de terre ; les coquillages blancs et lisses sont peints (gouache et encre). Le tissu et le papier habillent le personnage et lui donnent de la solidité ; bien nouer le vêtement et en intégrer certaines parties dans la terre.

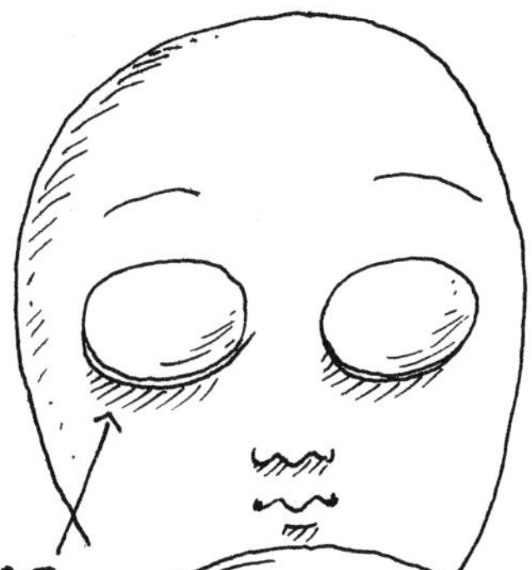

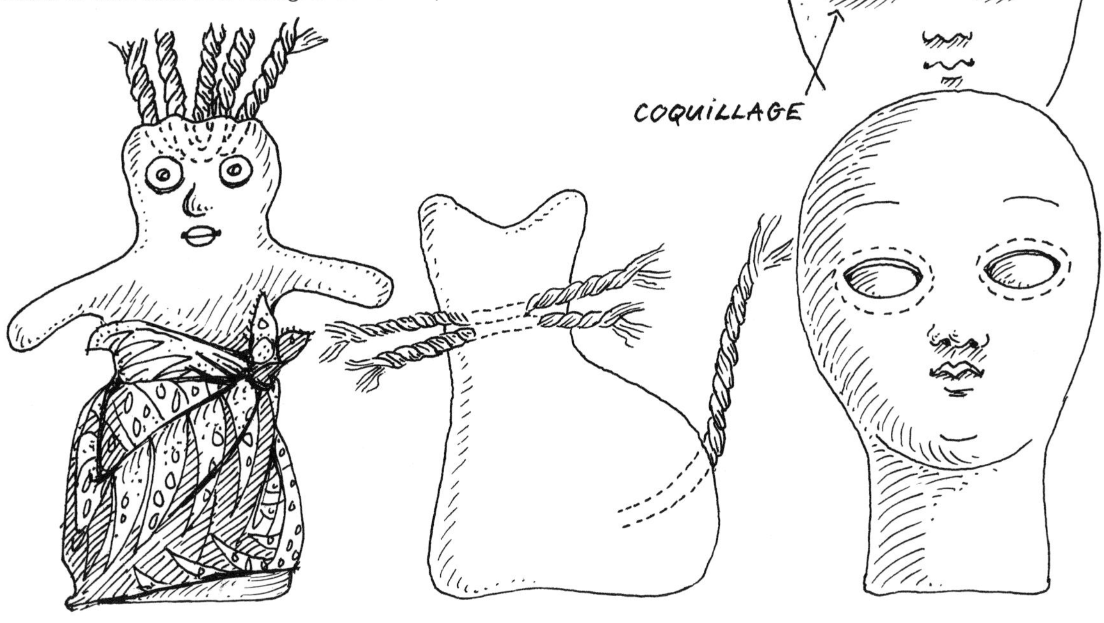

Creuser la terre et la faire briller. À partir d'une certaine taille, les modelages doivent être évidés à l'aide d'une mirette pour permettre le séchage et la cuisson. Voici un petit exercice pour utiliser cet outil :

1. Former une boule et la creuser.

2. Ajouter un contenu, le souder.

3. Lorsque la terre atteint la consistance du cuir, la frotter doucement avec une cuillère à café jusqu'à ce que la boule ressemble à un galet brillant.

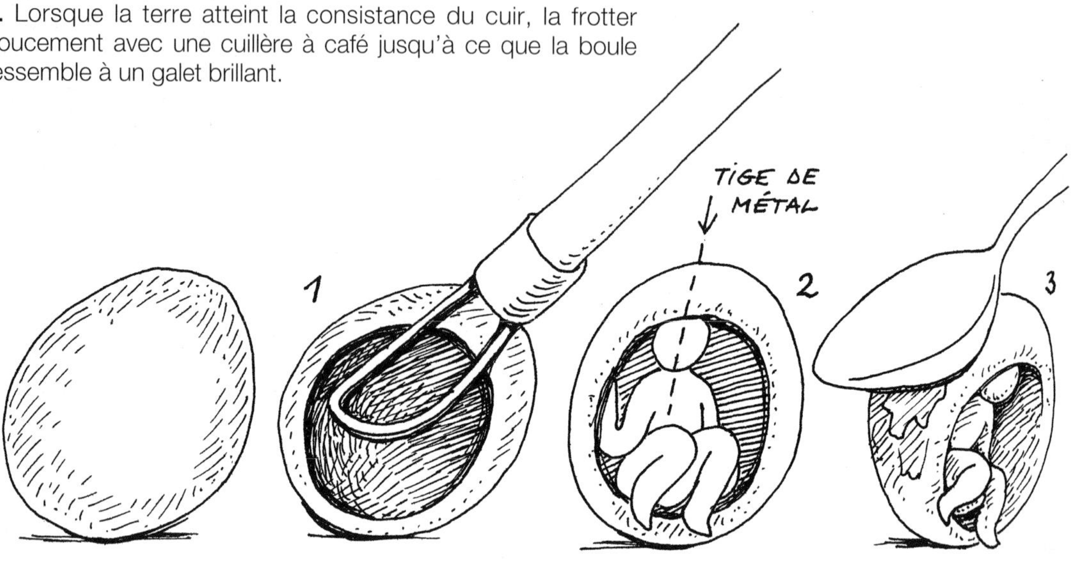

Modelages miniatures. Le fil de cuivre est précieux pour associer des petits volumes. Il supprime la soudure et peut laisser des parties articulées. Préparer de petites tiges de métal et les utiliser abondamment.

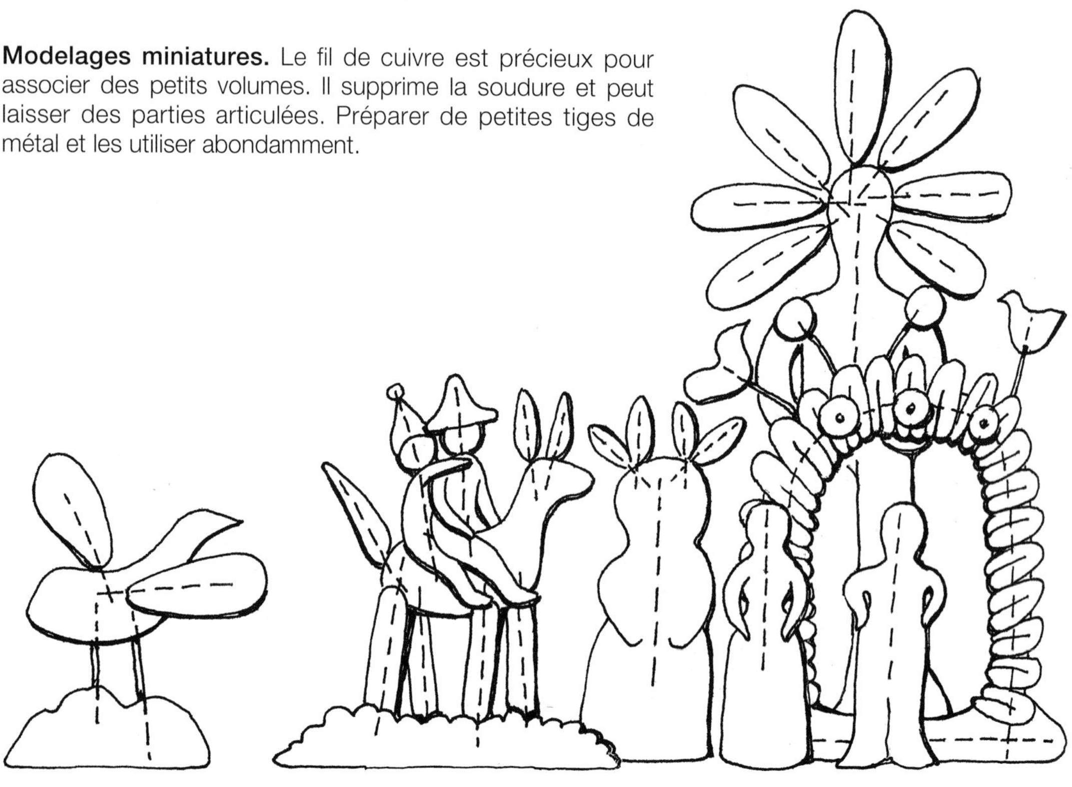

Répétition par moulage. Le plâtre est utile pour fabriquer des moules qui permettront de répéter de simples motifs, des bas-reliefs, ou encore des rondes-bosses. Voici comment procéder pour obtenir un moule à empreinte facile à utiliser.

1. Façonner le modelage en évitant les parties trop saillantes.
2. Préparer le moule.
3. Couler le plâtre.
4. Dégager la terre dès que le plâtre est pris (1/2 h environ).
5. Laisser sécher le moule. Si l'on a du mal à retirer le motif en terre, retailler le plâtre tant qu'il est tendre.
6. Prendre une masse de terre et l'y imprimer fortement. Retirer délicatement l'empreinte et répéter l'opération à volonté. Utiliser ces moulages en les associant à d'autres volumes modelés.

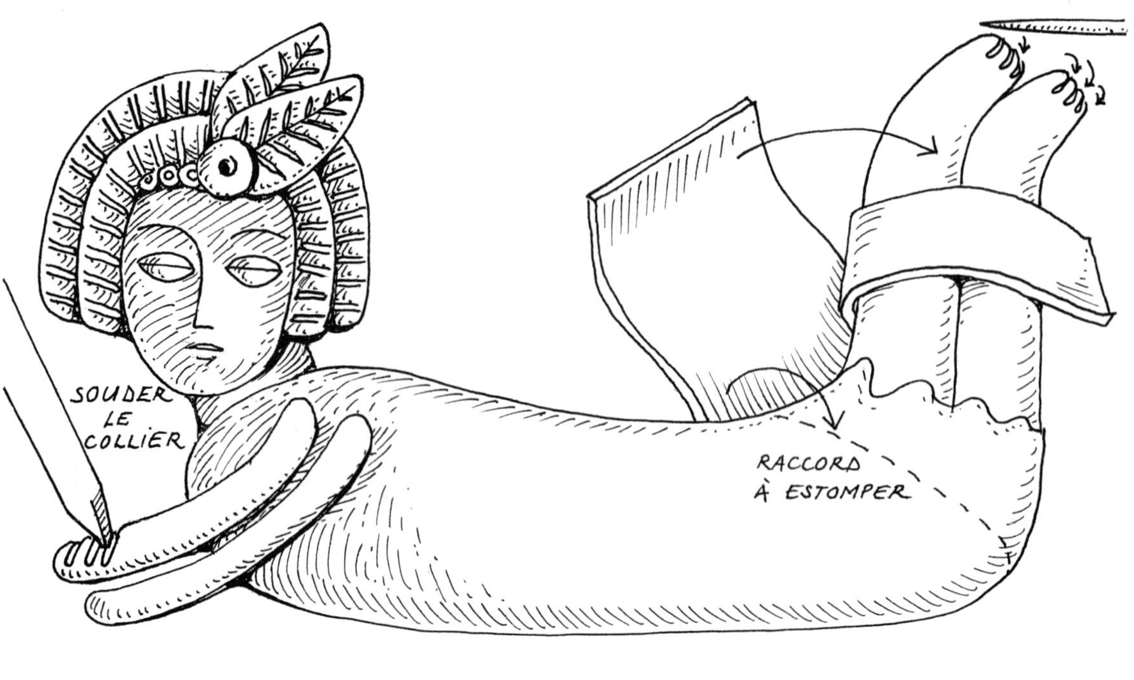

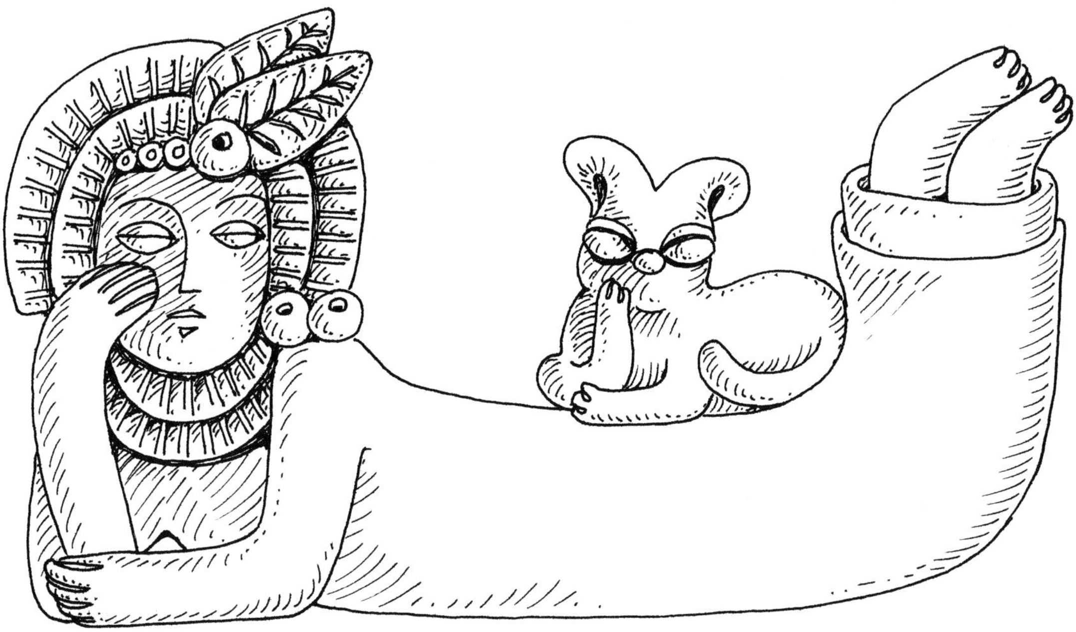

Associer les volumes en prenant bien soin des soudures, car moins elles seront visibles, moins elles risqueront de se défaire. Laisser sécher lentement dans une pièce fraîche. Si certaines parties sèchent trop vite, les recouvrir d'un chiffon humide.

Couleur. Peindre soigneusement à la gouache couvrante en commençant par les fonds. Ajouter les détails ensuite. Voilà pour un effet coloré et velouté. Pour des effets de patine, utiliser encres, cires...
Les trois fillettes photographiées page 33 sont issues d'un même moule. Celui-ci a été fait en deux parties autour d'une ronde-bosse. Les bras ainsi que d'autres éléments sont ajoutés au moulage et soudés. Deux de ces figurines sont en terre rouge très plastique, la troisième en terre chamottée gravée à l'aide d'un bâtonnet pointu.

LE PAPIER MODELÉ

Le papier. Utiliser du papier journal, du papier de soie blanc (comme ici), du papier « serpente » de couleur pour les réalisations colorées.

La colle. Il s'agit de colle à tapisserie en poudre, additionnée d'eau. Mettre de l'eau dans une bassine, ajouter la colle en pluie et laisser gonfler quelques minutes avant de remuer. La colle n'a pas besoin d'être épaisse, il suffit qu'elle ait la consistance de la colle à papier peint.

Caractéristiques. Le papier encollé permet des réalisations de toutes tailles. Léger, solide, il peut être moulé aussi bien que modelé, réduit en miettes ou en bandes avant usage. C'est cette dernière formule, plus rapide et facile qui est présentée ici. Des enfants de trois ans peuvent s'en servir. La colle cellulosique est sans danger, il n'est pas nécessaire de se protéger les mains pour enduire le papier ; elle est douce et ne tache pas.

Avantages. Tous les papiers (sauf les papiers glacés des magazines) sont utilisables et donnent des résultats variés.
Le papier journal est le plus économique mais il salit les mains et demande à être peint ensuite.
Le papier de soie est le plus agréable et le plus fin, il donne des réalisations parfaitement blanches.
Le papier serpente de couleur permet de modeler en couleur ; fin, léger, il ne dégorge pas.
Tous ces papiers peuvent être utilisés en feuilles chiffonnées, en bandes superposées et même réduits en miettes (papier mâché).
Les papiers plus épais peuvent être utilisés à peine froissés et présenter ainsi des surfaces aux plis cassés.
Les papiers fins ou souples (papier essuie-tout par exemple) se travaillent en souplesse.
On peut associer différents papiers et leur intégrer d'autres matériaux.

Précautions. Prévoir un temps de séchage proportionnel à l'épaisseur de papier à encoller et à sa densité.

Installation et matériel

Étendre un plastique pour recouvrir la table et le sol (si les réalisations sont grandes). Prévoir des volumes destinés à servir de supports (bouteilles, boîtes, ballons de baudruche gonflés...), des récipients évasés, des formes préparées en terre glaise destinées à mouler le papier encollé et une bassine pour préparer la colle.
De l'enduit ou de la peinture vinylique blanche apprêtent le papier une fois sec.
Des couleurs : aquarelles et encres, gouaches.
Du vernis.
Un rouleau de dix feuilles de papier de soie blanc suffit pour toutes les figurines présentées ici.

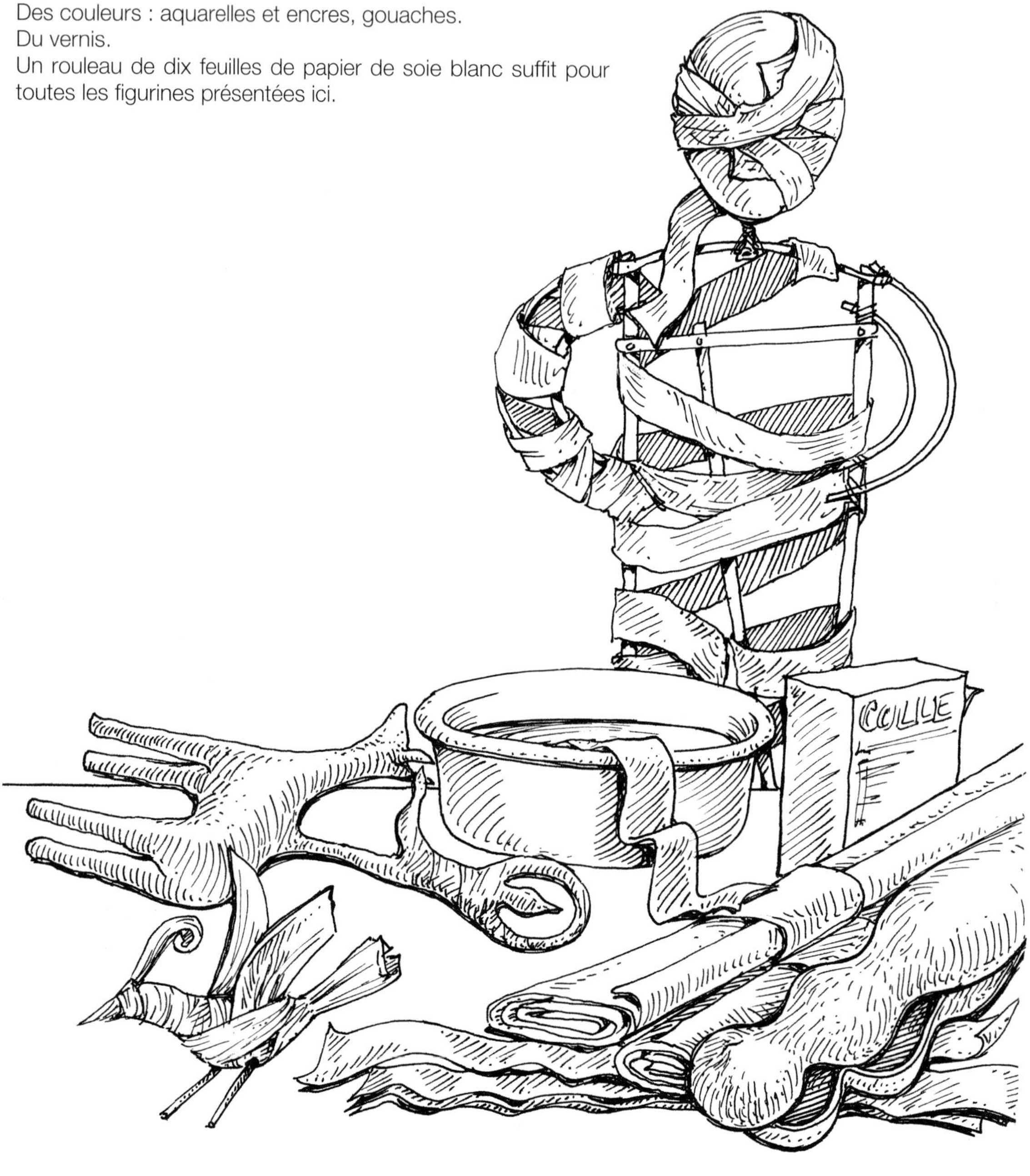

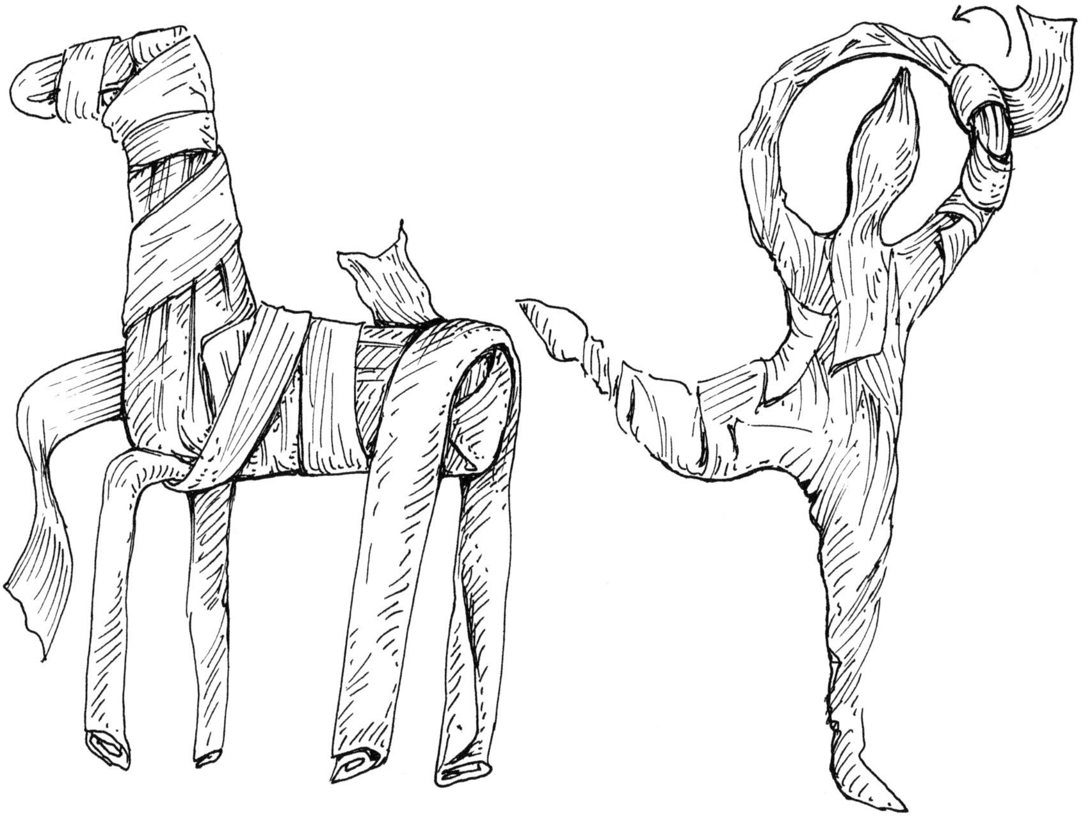

PAPIER MODELÉ

Plonger au fur et à mesure le papier coupé en larges bandes dans la colle, l'égoutter et lui donner forme en le chiffonnant. C'est le stade le plus simple, qui peut donner des résultats très intéressants, très irréguliers d'aspect.
Continuer en ajoutant des bandes de papier encollé ; les superposer jusqu'à ce que les volumes deviennent lisses et réguliers.
Les éléments rajoutés doivent être ligaturés pour bien tenir : le faire avec des bandes de papier, en les croisant constamment.
Il n'est pas nécessaire d'encoller tout le papier (poupée à robe blanche à fleurs, page 41).
On peut aussi procéder en plusieurs étapes ou même préparer des éléments séparés qui seront associés une fois secs.
La colle préparée peut être conservée longtemps et au besoin allongée d'eau.

Finitions. Le papier encollé peut être recouvert d'un enduit à tableaux. Sur le papier sans apprêt, employer des aquarelles ou des encres légères. Sur l'enduit, utiliser des gouaches ou des couleurs acryliques et, pour terminer, de l'encre de Chine.

PAPIER MOULÉ

Bas-relief. Procéder à partir d'une forme réalisée en terre, qu'on ne laisse pas sécher. Recouvrir celle-ci de bandes de papier de soie encollé en lissant le papier pour éliminer les bulles d'air et de colle. Croiser les bandes pour obtenir une surface solide et poursuivre jusqu'à ce que la couche de papier atteigne 3 à 4 mm.
Laisser sécher jusqu'au lendemain. Lorsque la surface de papier est sèche, il est possible de le dégager de son support. Plus les volumes sont complexes, plus il faut procéder avec soin, et au besoin enlever la terre en retournant l'ensemble : les morceaux de terre doivent être découpés et retirés délicatement. Le papier est, à l'intérieur, encore mouillé. La terre est réutilisable ; il suffit de la remettre sous plastique. Faire sécher le papier moulé. Rajouter enfin les éléments en papier encollé, comme l'oreille pour l'éléphant.

Ronde-bosse. La forme de terre est en ronde-bosse. La couper transversalement avec le fil de cuivre. Déposer les deux parties sur un carton et procéder comme pour le moulage de bas-relief.
Lorsque les deux parties sont sèches ou à peu près, les réunir en les entourant de bandes de papier encollé. Au besoin, remplir le volume de papier chiffonné si l'on sent la surface fragile. Faire disparaître la soudure à l'aide de bandes judicieusement disposées. Ajouter de nouveaux volumes à volonté. Pour la poupée articulée, préparer les bras séparément ; lorsque tout est sec, enduire, percer, peindre et fixer avec un élastique.

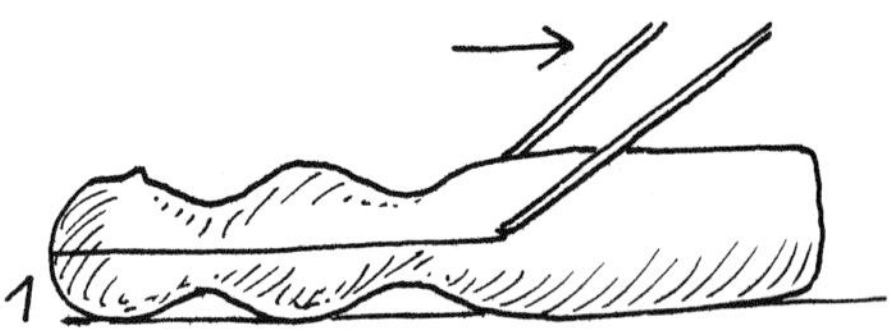

1

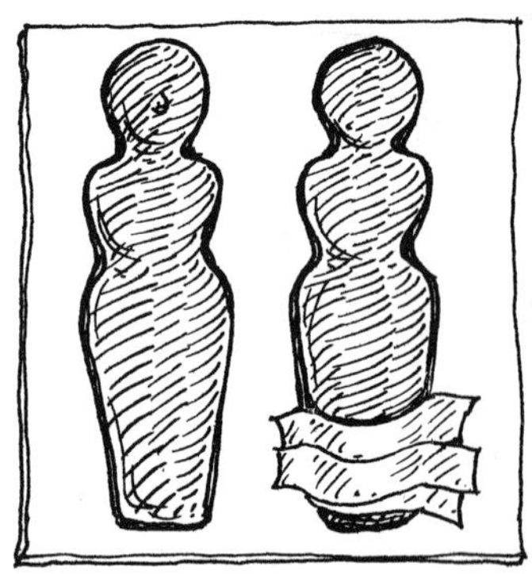

2

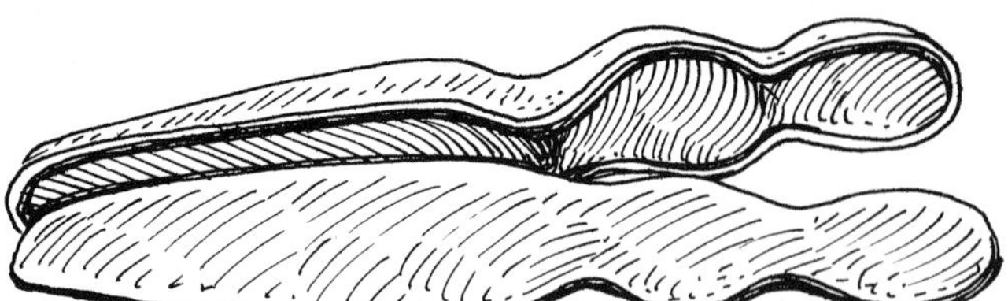

3

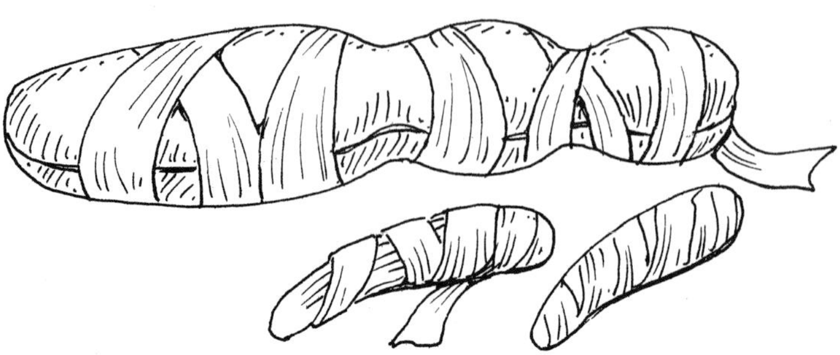

4

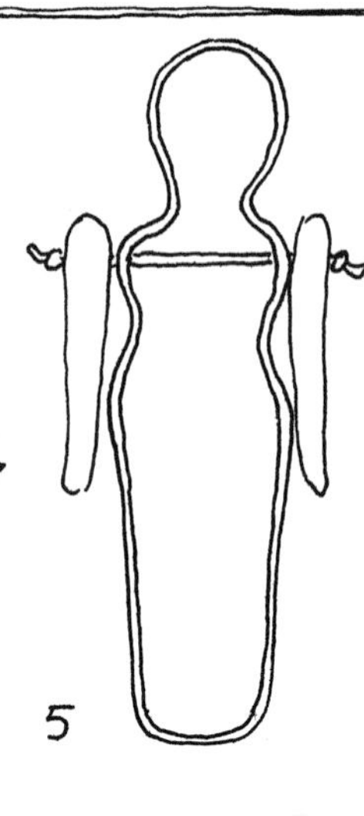

5

TABLE DES MATIÈRES

DU MÊME AUTEUR AUX ÉDITIONS FLEURUS :

Petits modelages en pâte à sel
Pâte à sel
Histoires et secrets de pâte à sel

L'auteur tient à remercier les Trois Hiboux du Bon Marché
pour leur aimable participation à la réalisation de cet ouvrage.
Nous remercions :
La Pierre humide ("Pat'Plume", "Plastiroc", "Playpat" et "Papidur"),
EFA-Hobby ("Fimo") et Stockmar("Knetbienenwachs").

Achéve d'imprimer en janvier 1994
par G. Canale & C. S.p.A. - Borgaro T.se - Turin (Italie)
Dépôt légal en janvier 1994
ISBN 2-215-01755-4 • ISSN 0989-4381
2e édition